Jean,
UN HOMME QUI CHANTE DANS MON CŒUR

Colette Ferrat

Jean,
UN HOMME QUI CHANTE
DANS MON CŒUR

Tous droits d'adaptation, de traduction
et de reproduction réservés pour tous pays.

© Éditions Michel Lafon, 2015
118, avenue Achille-Peretti – CS 70024
92521 Neuilly-sur-Seine Cedex

www.michel-lafon.com

INTRODUCTION

INTRODUCTION

Jean,

Ce livre, pourquoi ?

Je veux maintenir ta mémoire, continuer à faire entendre tes paroles, ta musique. C'est ce que nous nous efforçons de faire dans la Maison Ferrat sur la place du village que tu aimais tant.

Par la force de l'amour partagé, je continue de travailler pour ce qui avait de l'importance pour toi : ton œuvre.

Antraïgues, sur son piton basaltique

I.
La montagne de Jean

En arrivant par les gorges de la Volane il paraît
qu'au gré des ~~tournants de la route~~ villages on peut
apercevoir sept fois le clocher d'Antraigues. Et puis,
tout le village vous saute aux yeux comme cela
m'est arrivé quand je l'ai découvert pour la
première fois, juché sur son éperon rocheux,
voilà presque quarante ans.
   Il faut d'un coup s'arrêter pour suivre comme
la proue de la Cévenne Ardéchoise autour de laquelle
rayonnent à 360° toutes les vallées, les rivières et
les cols que parcourent en tout sens d'innombrables
chemins. C'est grâce à eux que l'on peut découvrir
de la plus intime manière l'âme de ce pays,
y flâner et rêver à loisir alors qu'ils se rejoignent
tous au village comme les artères d'un cœur qui bat.
   J'ai la chance de vivre dans une de ces vallées.
Je crois bien que j'y vivrai toujours

« En arrivant par les gorges de la Volane il paraît qu'au gré des virages on peut apercevoir sept fois le clocher d'Antraigues. Et puis, tout le village vous saute aux yeux comme cela m'est arrivé quand je l'ai découvert pour la première fois, juché sur son éperon rocheux, voilà presque quarante ans.

Il fut d'un coup et reste pour moi comme la proue de la Cévenne ardéchoise autour de laquelle rayonnent à 360° toutes les vallées, les rivières et les cols que parcourent en tout sens d'innombrables chemins. C'est grâce à eux que l'on peut découvrir de la plus intime manière l'âme de ce pays, y flâner et rêver à loisir alors qu'ils se rejoignent tous au village comme les artères d'un cœur qui bat.

J'ai la chance de vivre dans une de ces vallées.

Je crois bien que j'y vivrai toujours. »

Ton arrivée à Antraigues est due au hasard : tu rencontres à Bourges le directeur de la Maison de la culture, Gabriel Monnet, qui fonda la Comédie de Bourges. Il mettait en scène *La Provocation*, de Pierre Halet, avec des décors de Calder et une musique de Jean Ferrat. Monnet travaillait également à créer *Don Juan* avec l'artiste peintre Jean Saussac, maire du village d'Antraigues. Les contacts sont chaleureux. Tu souhaitais trouver un lieu pour te reposer le temps des vacances.

Jean Saussac te propose quelques jours de détente en Ardèche. Tu es vite séduit par ce village situé sur un éperon rocheux, beaucoup de minéral, des orgues basaltiques magnifiques.

Jean te fait visiter des maisons susceptibles d'être vendues. Une première, à quelques kilomètres, sur une route étroite et tortueuse. Les murs sont envahis par les ronces. Tu entends le bruit du torrent et, soudainement, tu te sens déjà chez toi. La maison n'est pas habitable. Il faudra trouver un lieu en attendant. Hélène Baissade a ouvert un café-restaurant, qu'elle anime avec talent. Elle peint, joue du piano. C'est ainsi qu'elle t'accueille, ainsi que Christine, ton épouse. Tu achèteras cette maison, les travaux suivront.

Le torrent est pour beaucoup dans ton choix, véritable coup de foudre. Les contacts sur la place avec les joueurs de cartes et de pétanque, les gens du village, tout cela a tellement compté pour toi.

Tu as écrit *La Montagne* sur un coin de table du bistrot, la musique sur le piano d'Hélène. Cette chanson est devenue si populaire que les paysans la chantent en patois.

Dans ce village perché, montagneux, Jean avait trouvé une vie simple et chaleureuse qui lui convenait.

Les vacances finies, il lui fallait repartir, reprendre les tournées, retrouver la scène, son public. Il aimait ces moments, mais tout cela l'épuisait. Cette passion était au-dessus de ses forces. Il souhaitait se poser, reprendre son souffle.

La vie sociale, les faits de société, les injustices, tout le révoltait. Il disait souvent : « Que nous réserve ce XXIe siècle ? Ça va être terrible… »

Il aimait lire les poètes : Éluard, Baudelaire, Aragon, Boris Vian ; les biographies : Mozart, Victor Hugo, Decaux ; les auteurs : Albert Cohen, Kundera, Michel del Castillo, García Márquez, Arturo Pérez-Reverte, Amado et tant d'autres… Jean lisait tous les jours les journaux, la poésie qu'il recevait de jeunes auteurs. Il essayait de répondre à chacun d'entre eux. Il prenait ce rôle au sérieux.

Mon Jean, tu admirais beaucoup de personnes, trop pour pouvoir les nommer, mais trois femmes exceptionnelles t'ont marqué. Nous les avons reçues à la maison, des femmes brillantes, intelligentes, courageuses. Tu les aimais pour leur résistance et leur engagement sans relâche : Edmonde Charles-Roux, Lise London, Lucie Aubrac. Nous ne les oublions pas.

La Montagne

Ils quittent un à un le pays
Pour s'en aller gagner leur vie
Loin de la terre où ils sont nés
Depuis longtemps ils en rêvaient
De la ville et de ses secrets
Du formica et du ciné
Les vieux ça n'était pas original
Quand ils s'essuyaient machinal
D'un revers de manche les lèvres
Mais ils savaient tous à propos
Tuer la caille ou le perdreau
Et manger la tomme de chèvre

Pourtant que la montagne est belle
Comment peut-on s'imaginer
En voyant un vol d'hirondelles
Que l'automne vient d'arriver

Avec leurs mains dessus leurs têtes
Ils avaient monté des murettes
Jusqu'au sommet de la colline
Qu'importent les jours les années
Ils avaient tous l'âme bien née
Noueuse comme un pied de vigne
Les vignes elles courent dans la forêt
Le vin ne sera plus tiré
C'était une horrible piquette
Mais il faisait des centenaires

À ne plus que savoir en faire
S'il ne vous tournait pas la tête

Pourtant que la montagne est belle
Comment peut-on s'imaginer
En voyant un vol d'hirondelles
Que l'automne vient d'arriver

Deux chèvres et puis quelques moutons
Une année bonne et l'autre non
Et sans vacances et sans sorties
Les filles veulent aller au bal
Il n'y a rien de plus normal
Que de vouloir vivre sa vie
Leur vie ils seront flics ou fonctionnaires
De quoi attendre sans s'en faire
Que l'heure de la retraite sonne
Il faut savoir ce que l'on aime
Et rentrer dans son H.L.M.
Manger du poulet aux hormones

Pourtant que la montagne est belle
Comment peut-on s'imaginer
En voyant un vol d'hirondelles
Que l'automne vient d'arriver

« LA MONTAGNE »
Paroles et musique : Jean Ferrat
© 1964 Productions Alléluia – Gérard Meys
4, avenue Albert de Mun
75116 Paris

La vallée de la Volane

Jean,

Tu arrivais sur la place du village, belle allure, mince, une démarche tranquille, où tu retrouvais tes copains. Les gens te regardaient avec un sourire amical et ils attendaient que le jeu de boules commence. Tu étais ouvert aux autres. Je ne suis pas tombée sous ton charme, mais tu étais très beau.

Un soir, à la sortie d'un spectacle, un café-théâtre, je me suis dirigée vers ma voiture, qui n'a pas voulu démarrer. Nous ne nous connaissions pas. Tu t'es approché et tu m'as demandé : « Qu'est-ce qui t'arrive ? » J'étais confuse et je t'ai dit que j'étais en panne. Tu m'as prise dans tes bras, certainement pour me reconforter, et tu m'as embrassée.
Quelle émotion !
Mon regard sur toi avait changé.

Partie de pétanque sur la place

LE SPORT

Tu aimais la pétanque, un jeu où la plaisanterie était de rigueur. Sur la place, il y avait toujours des spectateurs, et il ne fallait pas se laisser déconcentrer ! Personne n'aimait perdre, et tu redoutais surtout d'avoir à « embrasser Fanny » (celui qui n'a marqué aucun point doit embrasser les fesses de la « Fanny » du village !). Souvent, alors que tu étais plutôt adroit et appliqué, tes partenaires jouaient mal, exprès pour te voir à genoux ! C'était convivial, mais tu prenais la fuite.

Il y avait deux courts de tennis et nous organisions des tournois. Doubles mixtes ! La soirée se terminait en grillades et en chansons. Des amis jouaient de la guitare, d'autres dansaient. Très bons souvenirs !

Une fois par an, au stade à côté du plan d'eau, il y avait une rencontre de foot amicale entre vétérans. C'était joyeux. Tu étais goal, jouais en espadrilles, et tes plongeons étaient spectaculaires. Que de rigolades et de bonne humeur générale !

Tu as commencé à pratiquer le ski sur les pistes du plateau ardéchois : chasse-neige de débutant, mais à Praloup, avec ton ami Norbert, tu as vite progressé et descendu rapidement les bosses dans un style élégant, enfin !

Jean et Serge Rampa en train de « bouler »

CÔTÉ PILE ET CÔTÉ FACE

À Antraigues, tu es rat des champs : espadrilles ou tennis, jean, chemise légère ; ici, pas de place à l'élégance, tu veux des tenues simples et confortables, manches retroussées.

À Paris, tu étais coquet. Tes affaires étaient prêtes et tu les choisissais sur cintre. Chemise blanche, costume gris : élégant et classique.

Un jour, j'ai osé te choisir une saharienne en soie verte. Une couleur que les artistes redoutent, car elle porte malheur, dit-on. Mais toi, ça ne te dérangeait pas. D'ailleurs, ce jour-là, tu as eu beaucoup de succès.

Nous allions souvent au Théâtre du Rond-Point. Un lieu chaleureux, accueillant, où nous nous sentions bien. Nous y retrouvions nos amis galeristes et les acteurs que nous aimions.

Jean et Eldorado

Je cherche tes faiblesses. Peut-être vais-je en trouver...
Ah ! Si, le bricolage.

Jean n'était pas bricoleur : un joint à changer, une vis... il remettait tout cela au lendemain !

Il était en train d'écrire et je le dérangeais souvent pour une histoire de tuyauterie. Alors il me disait gentiment : « Est-ce que ça peut attendre... ? » Et j'attendais.

Par contre, quand il avait décidé de jardiner, les manches retroussées, il allait bon train.

Au printemps, il aimait semer les haricots verts, les fèves, les tomates, les courgettes, les aubergines, les pommes de terre, mais aussi tailler les cassis, les groseilles, les fraisiers qui promettaient de bonnes tartes et de délicieuses confitures.

Un jour, j'étais dans le jardin, au pied du sapin. Jean me rejoint et je lui montre dans l'arbre une sorte d'énorme cocon de chenilles processionnaires.

– On fera venir quelqu'un demain, me dit-il.

– Non, Jean, je vais chercher ton fusil, tu es très adroit.

Nous surveillons les alentours : personne en vue. Jean vise, et le gros cocon tombe au pied de l'arbre. Nous voulons nous en débarrasser, et surprise : une belle grive, au corps encore chaud, avait trouvé la mort. Une fois qu'on l'eut plumée et bien cuisinée, Jean s'est régalé. Encore bravo !

Jean et Machu Pichu

À Antraigues, il était facile d'avoir des loisirs. L'été, c'était la baignade dans le torrent, dans les cascades mousseuses, les « gours » profonds : une eau claire et fraîche, un coin irréel avec ses énormes rochers chauffés par un soleil de plomb. Tu te baignais volontiers. Au début, nous étions seuls, le site était sauvage, mais nous l'avons vite partagé avec les jeunes du coin. Les rochers brûlants nous poussaient à retourner dans l'eau ! Notre chien Oural était un bon nageur, et il aimait nager sur le dos des dames.

Le torrent, pour toi, c'était aussi le plaisir de remonter la rivière. Permis de pêche en poche, gaule à la main, tu chaussais tes cuissardes, sautais d'un rocher sur l'autre à la recherche du meilleur endroit pour attraper des truites. La nuit venue, j'attendais patiemment ton retour, de plus en plus tardif si de nombreux poissons s'étaient laissé prendre.

Ta joie était de vider ton seau dans l'évier pour provoquer l'admiration ! Ma joie à moi était de les préparer – au beurre ! Finalement, un ami pisciculteur t'a donné des alevins pour notre bassin. Les truites grossissaient et, épuisette à la main, tu choisissais les plus belles et nous nous régalions ! Un jour, tu t'es aperçu que des truites disparaissaient. Alors, un matin, tu es allé jusqu'au bassin en espérant surprendre l'amateur de nos poissons. Surprise ! Dans l'eau, tu as vu une couleuvre… et bientôt tu as pu en compter dix ! Fini l'élevage ! Iris et nénuphars ont remplacé les poissons.

Une fois, alors que nous étions assis sur un rocher au bord du torrent, une grosse couleuvre est sortie de l'eau avec une belle truite dans la gueule. Vif, tu lui as tapé sur la tête, elle a lâché sa prise… et tu as récupéré une belle fario. On a bien ri, et tu t'es régalé !

Sur la place de la Résistance, les cloches nous donnent l'heure, la fontaine coule à son rythme. D'un côté, il y a l'hôtel La Montagne et son restaurant ; en face, Lo Podello, créé par Hélène Baissade, une belle femme brune, toujours créative. Elle aimait les jeux et la fête, elle avait toujours des idées nouvelles pour nous faire partager son enthousiasme.

Chaque Mardi gras, nous nous déguisions. Nous cousions les tenues, que nous avions imaginées. Jean adorait se déguiser. Nous portions des masques car personne ne devait nous reconnaître. Malheureusement, Jean était souvent démasqué car il lui manquait un bout de doigt à la main gauche. Tout le monde au village le savait. Une porte s'était refermée sur sa main, et le rêveur y avait laissé une phalange ! Pour cacher cet indice, nous mettions un peu de coton dans son gant, mais la supercherie ne tenait pas longtemps.

L'exaltation était dans les cœurs, de tous les âges ! À l'heure dite, nous nous promenions sur la place. Pas un mot ! Parler ou rire pouvait nous trahir.

Lo Podello avait une belle salle, la décoration était de bon goût.

Depuis quatre ans, Lo Podello (un instant de rêve et de pause) revit grâce à Valérie. Nous l'avons remis en état : terrasse en fer forgé, sièges confortables… Valérie a suivi les travaux de restauration. Depuis, le lieu est à l'image d'Hélène : une bonne cuisine, le chef a été formé par des maîtres, il aime son métier et improvise des menus selon les saisons.

Les artistes sont invités à chanter sur la place.

Comme tu aimais ce lieu…

Jean et Java

Oural Ouralou

C'est dans l'aube chère à Verlaine
Que tu courrais notre domaine
Humant l'air des quatre saisons
Odeurs de thym et de bruyère
Sous tes pattes fraîches légères
S'élevaient comme une oraison
Berger des landes familières
tu vivais digne et solitaire
Animal doué de raison
J'écris ce jour anniversaire
Où tu reposes sous la terre
À deux pas de notre maison

Hourrah oural ouralou
Oural ouralou

Hourrah oural ouralou
Oural ouralou

On voit souvent des souveraines
À la place des rois qui règnent
Rien qu'en posant leurs yeux dessus
Il faut se méfier du paraître
De nous deux qui était le maître
Nous ne l'avons jamais bien su
Tu vécus la vie parisienne
La nuit sur les quais de la Seine
Les music-halls et les tournées
Et cette vie qui fut la mienne

Il me semble que tu l'entraînes
À la semelle de tes souliers

Hourrah oural ouralou
Oural ouralou

Hourrah oural ouralou
Oural ouralou

Jour après jour il faut l'admettre
Voir ceux qu'on aime disparaître
C'est ce qui fait vieillir trop tôt
Au paradis des chiens peut-être
Ton long museau à la fenêtre
Tu nous accueilleras bientôt
Au triple galop caracole
Je vois tes pattes qui s'envolent
Chevauchant l'herbe et les nuées
Le vent siffle dans ton pelage
Vole vole mon loup sauvage
Comme au temps des vertes années

Hourrah oural ouralou
Oural ouralou

Hourrah oural ouralou
Oural ouralou

«OURAL OURALOU»
Paroles et musique : Jean Ferrat
© 1980 Productions Alléluia – Gérard Meys
4, avenue Albert de Mun
75116 Paris

Tout le monde aime bien manger ! Et nous aimions cuisiner surtout.

Jean, dans la cuisine, écoutait l'émission de Jean-Luc Petitrenaud sur France Inter. Nous n'avions que la radio, mais il arrivait à nous faire saliver par ses bruitages d'oignons grillés et de beurre crépitant, et Jean en avait plein la bouche. Il disait alors : « Ah ! J'ai faim ! » Jean-Luc lui a transmis le goût des saveurs.

Il nous a été donné l'occasion de passer une journée mémorable avec Jean-Luc Petitrenaud, que nous avons connu bien plus tard. Il est venu à Antraigues et nous avons partagé un repas au restaurant La Remise. Le dîner était ardéchois – une bombine royale. Jean devait aller pêcher des truites pour ce dîner, la rivière était à portée de canne à pêche. Chaussé de cuissardes, il est parti à l'assaut des poissons. Il en a d'ailleurs attrapé six. Quand il est sorti de l'eau, il était trempé : ses cuissardes n'étaient plus étanches. Il avait récolté de bonnes truites, et nous, une franche partie de rigolade.

Jean réussissait à merveille les terrines de viande ou de poisson. Il faisait la cuisine avec soin, à la recherche des meilleurs produits. Il descendait faire les courses, son panier à la main. Il s'y rendait dans sa DS blanche, facile à reconnaître, et les copains étaient là aussi. Je n'attendais pas le contenu du panier pour déjeuner car, souvent, Jean buvait un cassis à l'eau sur la place et cherchait des partenaires pour une partie de boules.

Jean se sentait bien dans ce village où les gens sont simples, naturellement vrais. Il y a trouvé sa place, des racines profondes et des amitiés solides. Ici et ailleurs, nous retrouvions nos amis de toujours, les peintres, les comédiens, les musiciens, les poètes, les danseurs, les chanteurs et surtout les amis de cœur.

Le « trou de Ferrat », appelé ainsi par les jeunes qui aimaient s'y baigner

II.
Jean, l'artiste

TU AURAIS AIMÉ ÊTRE CHEF D'ORCHESTRE

Mon Jean, tu avais la même attitude, le même comportement réservé quelle que fût la personne que tu rencontrais ; tu avais la même simplicité, le même naturel, l'amitié venait doucement. Tu laissais le temps au temps, mais surtout tu voyais comment évoluerait ton sentiment. En amitié, tu n'aimais pas te tromper. Tu es resté fidèle aux amis qui avaient ta confiance, ils l'avaient méritée. Les coups bas, les trahisons, tu en as peut-être connus, mais tu devais les sentir arriver. Tu avais une telle sensibilité ! Tu te protégeais mais étais toujours présent et disponible.

Je t'ai connu avec ton regard bienveillant, si pur, qui ne trompait personne. Avec moi toujours tendre et amoureux, qu'aurais-je pu souhaiter de plus ? Nous avons tout partagé : la tendresse, la passion, les mêmes envies au même moment. Tu disais : « Tu veux aller au restaurant ? », et je répondais : « Et toi ? » Un beau sourire, et nous étions prêts à partir. D'autres fois, les baisers décidaient de notre bien-être et nous restions chez nous tendrement. Nous étions si bien ensemble... Nous écoutions de la musique : Mahler, des concertos, des symphonies. Tous ces instruments t'interpellaient : le basson, les violons, les clarinettes, le piano, tout te réjouissait ! Tu aurais aimé être chef d'orchestre. Tu battais la mesure. C'était un plaisir de te voir heureux à revivre ta jeunesse, ton souhait, diriger un orchestre... Mais tu as réussi ce que tu as fait : tes mélodies, toutes accomplies, sur lesquelles tu passais beaucoup d'heures avant d'être satisfait – jamais totalement.

Jean et Colette

Jean, tu disais :

« Aujourd'hui, il y a beaucoup plus de choses qui m'inquiètent que de choses qui me réjouissent... Ce qui m'inquiète, c'est l'évolution du monde, le lâcher sans frein du système capitaliste qu'on dit indépassable, mais qui donne déjà les résultats que l'on voit : le retour au Moyen Âge dans les pays de l'Est et la montée des fanatismes religieux dans les pays d'Orient et du Moyen-Orient, sous-développés, pillés, sacrifiés. Nous vivons une période de régression terrible de la civilisation qui menace vraiment les fondements mêmes de nos sociétés démocratiques. »

« Chanter est un acte important, comme d'écrire, comme de peindre, tout ce qui a trait aux disciplines artistiques. J'ai essayé à travers les chansons de faire partager ce que l'on croit être la vérité. »

« Si les gens aiment m'écouter, j'ai l'impression de ne pas perdre mon temps. »

« L'art ne peut pas changer le monde, il peut donner la conscience à chacun de la nécessité de la changer. »

« Nous sommes quelques-uns à être rebelles au temps, rebelles à l'espace, rebelles à l'injustice et je crois qu'il faut être rebelle dans la vie. »

« L'important c'est d'être heureux, dire ce que l'on croit vrai, chanter ce que l'on aime et qu'importent les moyens. »

« L'Histoire court plus vite que les poètes, je suis dépassé par les événements et j'essaie, quand je fais des chansons, d'aller au-delà. »

Pour les femmes d'Afghanistan

Je me souviens de ce reportage télévisé filmé en cachette à Kaboul, peu de temps après la prise de pouvoir des Talibans, je me souviens de ces deux jeunes étudiants, le frère et la sœur, qui racontaient comment, elle, ne pourrait jamais plus faire d'études, lui, comment ils ne pouvaient même plus écouter de la musique et je me souviens aussi de la grande émotion qui m'a saisi quand ce jeune homme essaya maladroitement de chanter "Robert le Diable", une chanson que j'avais faite sur un poème d'Aragon parlant de Robert Desnos et de sa fin tragique.

Et voilà que la tragédie était de nouveau là, une nouvelle fois présente, encore et toujours et qu'elle me sautait au visage par la voix de cet adolescent fragile.

Mes très lointaines sœurs et si proches pourtant, je me refuse à croire que 25 ans après avoir chanté "La Femme est l'Avenir de l'homme" votre avenir soit à ce point inversé qu'il ne puisse être imaginé.

Vous surmonterez ces temps terribles.

Vos bourreaux sont déjà condamnés eux qui ignorent encore qu'ils ne pourront pas indéfiniment étouffer, à travers vous, le chant profond de l'être humain, la source intarissable de la vie.

Antraigues le 25/3/2001

« POUR LES FEMMES D'AFGHANISTAN

Je me souviens de ce reportage télévisé filmé en cachette à Kaboul, peu de temps après la prise de pouvoir des talibans, je me souviens de ces deux jeunes étudiants, le frère et la sœur, qui racontaient comment, elle, ne pourrait jamais plus faire d'études, lui, comment ils ne pouvaient même plus écouter de la musique et je me souviens aussi de la grande émotion qui m'a saisi quand ce jeune homme essaya maladroitement de chanter *Robert le Diable*, ma chanson que j'avais faite sur un poème d'Aragon parlant de Robert Desnos et de sa fin tragique.

Et voilà que la tragédie était de nouveau là, une nouvelle fois présente, encore et toujours et qu'elle me sautait au visage par la voix de cet adolescent fragile.

Mes très lointaines sœurs et si proches pourtant, je me refuse à croire que 25 ans après avoir chanté *La Femme est l'avenir de l'homme* votre avenir soit à ce point inversé qu'il ne puisse être imaginé.

Vous surmonterez ces temps terribles.

Vos bourreaux sont déjà condamnés, eux qui ignorent encore qu'ils ne pourront pas indéfiniment étouffer, à travers vous, le chant profond de l'être humain, la source intarissable de la vie.

Antraigues le 25/3/2001 »

Complainte de Pablo Neruda
Jean avec Leticia Kleiman et Diego Modena, des musiciens chiliens

« Jean s'intéressait toujours aux autres.

Avant de parler de lui, il vous posait des questions sur l'état de santé de votre mari, de vos enfants, se souvenant toujours de détails. Son intérêt était réel et non « de convenance ». Il pensait aux autres avant de penser à lui, même au moment où il souffrait. Cette humanité se lisait dans ses chansons. Nous l'avons aussi sentie au travers des rencontres au sein de la Maison Jean Ferrat. Un homme, une femme touchée par des mots, un espoir d'un monde meilleur.

L'engagement de Jean était là, dans cette compréhension de nos douleurs et de nos joies.
Il portait les colères et les espoirs d'un monde plus juste. Sa colère devant la barbarie et l'injustice n'avait pas d'égal. Combien de fois ai-je entendu : "Ah ! Si Jean était là…"
Nous espérons que ses paroles nous porteront encore longtemps. »

Sylvie,
la cheville ouvrière de la Maison Jean Ferrat

La Galerie des Offices

Jean, lors de l'exposition Aragon à Antraigues

« J'aimerais dire aux jeunes aujourd'hui qu'il ne faut pas se laisser avoir, qu'il faut résister et ne pas croire tout ce que l'on veut nous faire croire. Je le dis dans ma chanson Dans la jungle ou dans le zoo ; je ne peux pas vous dire mieux que ce que j'ai écrit dans le couplet final : "Ne tirez pas sur le pianiste qui joue d'un seul doigt : vous avez déchiffré trop vite 'la musique de l'être humain' "... Pardonnez-moi de me citer. Malgré les soubresauts de l'Histoire, les retours en arrière, je suis convaincu que l'on va quand même vers des notions de progrès dans la conscience de l'humanité. Dans ce monde, le chant de l'homme s'élèvera toujours. »

III.
Jean, un ami sincère

ERNEST ET JEAN

Ernest Pignon-Ernest, plasticien, un grand artiste. Jean adorait l'homme, ses qualités humaines, son engagement politique, sa culture. Ils se parlaient beaucoup. Ils avaient en commun le goût du travail proche de la perfection ; le geste précis, Ernest l'avait. Pour Jean, rien n'était jamais assez bien, que ce soit un texte ou une mélodie. Il fallait trouver la note et le mot justes...

Il finissait par y parvenir. La nuit, dans son sommeil, la phrase mélodique était là, il courait la jouer sur son piano et la notait sur une partition. Il se rendormait satisfait.

Quelque fois, la nuit, la même situation se reproduisait. Il croyait tenir la phrase musicale et s'en souvenir. Hélas, le matin, il n'en restait rien.

Il aimait les virtuoses, les grands musiciens, deux pianistes que nous allions écouter : Evgeny Kissin et Hélène Grimaud. L'opéra aussi : *Le Roi Arthur*, Purcell chanté par Alfred Deller (une voix de haute-contre), Mozart, Verdi, Rossini, le Festival d'Aix-en-Provence où nous avons écouté de si belles voix.

Un souvenir me revient : une soirée prometteuse avec la belle cantatrice June Anderson, *Armida* de Rossini ; le metteur en scène et le maestro furent hués par le public.

Ernest, Yvette
en compagnie de Jean

Cher Ernest,

Nous avons des projets avec toi et Daniel Lelong. Que du bonheur pour Jean et tout le village !

Dessin d'Ernest Pignon-Ernest

Pour Jean, qui m'a appris à aimer la poésie, la musique, la littérature. Je suis fière de ce bel héritage que m'a laissé mon grand-père et parrain. Je suis heureuse de voir que son œuvre reste d'actualité, que ses idées restent modernes.

Dès mon plus jeune âge, Jean m'a poussé à rêver et c'est ce qui m'a aidée à me construire. Et aujourd'hui je me demande : « Que serais-je sans toi ? »

Paula

Valérie,
Jean-Christophe,
Julie et Paula
à Bergnolles

5 ans déjà et pourtant 5 longues années…

La famille s'agrandit avec l'arrivée de mon petit Liam, de son deuxième prénom Jean.

Malgré ton absence, je souhaite qu'il grandisse en famille, avec toi, ton œuvre, notre héritage. Je lui souhaite une enfance aussi tendre et heureuse que celle que j'ai vécue à Bergnolles avec Coco et toi.

Quel regret de ne pas pouvoir partager ces moments avec toi et cependant tu demeures si présent en chacun de nous…

J'espère que toutes les jeunes générations vont découvrir ou redécouvrir tes œuvres qui sont toujours d'actualité.

Julie

Jean Ferrat, Gérard Meys, 60 ans d'amitié profonde,
l'un dans l'ombre, l'autre dans la lumière… une complicité réussie !

Le ciel d'après-midi

à Colette et Jean Ferrat

Parfum d'été et de terrasse
Jeunesse d'amour et de ciel
Et les lilas à pleines branches
Les châtaignes roulent sur le chemin poudré
Que la nuit soit présente
L'enveloppe essentielle
Et la main qui l'essuie
L'aube s'étend bonheur de vivre
Restes mourants matins pesants
Le bâteau allume ses feux sans mémoire
Oiseaux courbés sans amour et sans âge
Il semble que tout aille à la dérive
À la périphérie du temps
Aux longs conciliabules
Sur les plages de l'enfance
D'une enfance inconnue
Sur l'herbe désertée
Et la femme penchée
Ce ciel d'après-midi de janvier

Ne vous dira jamais rien
Je le garde pourtant dans ma main
Pour un lit de pâquerettes
Une figuration une scène
Nous sommes dans le lit d'amour peut-être
Avec une rivière tranquille qui nous cloue
Le destin fusille les petites lampes
On cherche une autre solution
La gloire ou la mort imbécile
Les autres rigolent de tout
Sur nos amours sur notre vie
Ils mangeaient nos baisers
Si l'on les leur donnait
Mais pas encore
Il reste quelques pieds nus
C'est cela l'amour l'après-midi
Sur la terrasse de janvier
Des pieds nus des collines
L'antichambre de la mémoire
Et un beau rêve d'Italie
La *maestà*.

André Boissin

Jean, Michel Parbot et Robert Sauvaire
au moulin d'Aragon à Saint-Arnoult-en-Yvelines.

« Jean,

Te dire combien tu nous manques, tu ne peux l'imaginer et encore moins imaginer combien de gens sont venus pour t'accompagner ce 16 mars 2010, "ils étaient des milliers…".

Aujourd'hui 5 ans déjà, tu es toujours présent dans l'esprit, dans la vie des gens. Nous en sommes témoins, avec des rencontres riches de partages, d'échanges et d'amour que toutes ces personnes te témoignent encore et toujours.

Lo Podello que tu as tant aimé, grâce à Hélène Baissade qui a créé ce lieu où elle t'a accueilli dans les années 60 avec tant de chaleur et de convivialité que tu n'en es pas reparti. J'espère avoir gardé cet esprit dans ce lieu unique et chargé d'Histoire ; vous en avez fait des fêtes, des repas, des Mardi gras, où votre créativité était chaque fois surpassée.

J'ai des souvenirs de petite fille, puis d'adolescente dans ce village, dans ce restaurant où j'ai travaillé pendant les vacances ; je n'imaginais pas un seul instant que je tiendrai le comptoir... mais aujourd'hui tu n'es plus avec nous et en même temps si présent. Si tu voyais toute l'émotion, la sensibilité et l'amour que les personnes ont pour toi, pour l'homme que tu es, pour ta voix, tes textes si forts et toujours d'actualité !

Aujourd'hui tu n'es plus là mais je t'imagine toujours aussi révolté de voir ce qui se passe dans notre monde, quand les barbares assassinent la liberté d'expression !

Tu me manques, tu nous manques. »

Valérie

Alain Goraguer, Jean et Gérard Meys

« Il était un poète, "le" poète. Il avait poussé à l'extrême, dans son désir de perfection, la transcription du poème en musique et de la musique en poème. La manière dont le texte collait aux notes, c'était vraiment magique. Nous avons perdu un alchimiste, un magicien et un grand seigneur. Le Parti communiste a pu profiter des conseils, des avis, des critiques de Jean, et y a gagné en intelligence. C'est cela une vie d'engagement au sens noble du terme. Jean reste unique, il n'a pas eu le traitement auquel il avait le droit, on n'entendait plus sa voix. Est-ce que nous, les Français, avons le respect de nos poètes ? Je ne le crois pas et le déplore. Il ne rentrait pas dans le moule. Mais il a trouvé sa quiétude en se retirant avant que sa voix ne décline, il a fait ce que très peu d'artistes ont le courage de réaliser : s'arrêter quand il l'a jugé opportun. Et cela demande du courage et de l'élégance. Il était si modeste, si pudique. »

Edmonde Charles-Roux,
membre de l'Académie Goncourt

Guy Lauzin et Jean

« On avait une très grande complicité car on se connaissait depuis quarante-cinq ans. Je l'appelais pratiquement toutes les semaines. J'ai le souvenir de quelqu'un de timide, très réservé, qui ne lâchait rien sur ses convictions. Un homme qui ne transigeait pas sur l'honnêteté, la droiture, l'engagement. Chaque fois que je le voyais, il me disait: "N'oublie pas de rester digne." Son dernier bonheur, c'est quand j'ai fait un *Vivement dimanche* avec Besancenot et que je le lui ai passé au téléphone. La dernière fois que j'ai parlé à Jean, il m'a dit : "Tu diras au petit facteur de ne pas baisser les bras." »

Michel Drucker

« La chanson française c'est aussi pour Jean Ferrat le mode d'expression de la vie, de l'amour, de la nature. Cela tient sans doute à l'exceptionnelle personnalité de Jean Ferrat, personnalité profondément riche, d'une vaste culture et en même temps simple, parce que humaine avant tout autre chose. »

Roland Leroy,
directeur de *L'Humanité* de 1974 à 1994

IV.
Son père

Je suis impressionnée par l'histoire du père de Jean. Comment imaginer un destin de cette portée !

Il s'appelait Mnacha, un prénom hébreu assez répandu. Cet adolescent, orphelin, vient de loin, du fin fond de la Russie où sévissent la misère et les pogroms. Pour rêver d'une vie meilleure, il faut partir. C'est le choix courageux qu'a fait Mnacha en 1906, en fuyant le Caucase et en parcourant plusieurs pays pour finalement arriver en France. Le terminus est Paris, dans le quartier du Marais, où il décide de tout oublier pour mieux recommencer.

Le courage ne lui manque pas. Il lui faut alors apprendre cette nouvelle langue qu'est le français et trouver un emploi. Mnacha est doué de ses mains, il exerce rapidement le métier d'artisan bijoutier-joaillier. Pour se fondre dans cette patrie d'adoption, Mnacha devient même Michel. Très vite, Michel rencontre Antoinette, une jeune Auvergnate, et de cet amour naît Raymonde. Le couple veut encadrer cette nouvelle famille en se mariant, le 8 décembre 1917. Bientôt suivront André et Pierre.

Le bonheur est total, la page est tournée. Le travail de Michel est prospère. La maison est à l'abri des soucis, et pleine de joie, de musique et de rires. Raymonde prend des cours de piano ; Pierre réussit ses examens ; André, plus indépendant, est déjà dans la vie active.

Jean est le petit dernier, il est né en décembre 1930. À cette époque, la vie devient assez dure car les richesses se sont amenuisées et les bijoux deviennent un luxe lorsque manger est difficile. Michel a de la ressource et se reconvertit dans la vente de fruits et légumes. Son seul objectif est de protéger sa famille.

« Pour moi le sentiment le plus beau c'est tout bonnement l'amour. J'ai reçu beaucoup d'amour quand j'étais jeune, cela m'a donné un équilibre. J'aime tant de choses dans la vie. Mais c'est l'amour pour une femme, pour un autre être qui me semble le sentiment le plus élevé. C'est la clé de tout le reste. Il y a des gens qui vivent d'amour et d'eau fraîche et se cachent du reste du monde. Pas moi. L'amour, c'est le partage. »

Puis le monstre de la persécution revient en 1939. Michel ne sait pas s'il doit rester ou fuir. Le spectre de la vie de Mnacha se fait de plus en plus présent. C'est dans ces circonstances que Jean, à l'âge de 11 ans, apprend de sa mère qu'il est juif.

Jean ne comprenait pas ce que cela signifiait. Mais la réalité lui a fait prendre toute la mesure de cette nouvelle, puisque, l'année d'après, la Gestapo lui a enlevé son père. Il était le seul membre de la famille à porter l'étoile jaune, tel un devoir. Nul ne connaît les conditions de son arrestation, mais il est emmené à Drancy, où il restera jusqu'au 30 septembre 1942, date funeste de son départ pour Auschwitz.

Comment se remet-on de cette incertitude sur la destinée d'un être cher ? Comment vivre dans l'attente d'un retour et la persécution qui pousse à se cacher ?

Nuit et brouillard

Ils étaient vingt et cent ils étaient des milliers
Nus et maigres tremblants dans ces wagons plombés
Qui déchiraient la nuit de leurs ongles battants
Ils étaient des milliers ils étaient vingt et cent
Ils se croyaient des hommes n'étaient plus que des nombres
Depuis longtemps leurs dés avaient été jetés
Dès que la main retombe il ne reste qu'une ombre
Ils ne devaient jamais plus revoir un été

La fuite monotone et sans hâte du temps
Survivre encore un jour une heure obstinément
Combien de tours de roues d'arrêts et de départs
Qui n'en finissent pas de distiller l'espoir
Ils s'appelaient Jean-Pierre Natacha ou Samuel
Certains priaient Jésus Jéhovah ou Vichnou
D'autres ne priaient pas mais qu'importe le ciel
Ils voulaient simplement ne plus vivre à genoux

NUIT ET BROUILLARD

Ils étaient vingt et cent ils étaient des milliers,
Nus et maigres tremblants dans ces wagons plombés
Qui déchiraient la nuit de leurs ongles battants
Ils étaient des milliers ils étaient vingt et cent
Ils se croyaient des hommes n'étaient plus que des nombres
Depuis longtemps leurs dés avaient été jetés
Dès que la main retombe il ne reste qu'une ombre
Ils ne devaient jamais plus revoir un été.

La fuite monotone et sans hâte du temps
Survivre encore un jour une heure obstinément
Combien de tours de roues d'arrêts et de départs
Qui n'en finissent pas de distiller l'espoir
Ils s'appelaient Jean-Pierre Natacha ou Samuel
Certains priaient Jésus Jéhovah ou Vichnou
D'autres ne priaient pas mais qu'importe le ciel
Ils voulaient simplement ne plus vivre à genoux

Ils n'arrivaient pas tous à la fin du voyage
Ceux qui sont revenus peuvent-ils être heureux
Ils essaient d'oublier étonnés qu'à leur âge
Les veines de leurs bras soient devenues si bleues
Les Allemands guettaient du haut des miradors
La lune se taisait comme vous vous taisiez
En regardant au loin en regardant dehors
Votre chair était tendre à leurs chiens policiers

On me dit à présent que ces mots n'ont plus cours
Qu'il vaut mieux ne chanter que des chansons d'amour
Que le sang sèche vite en entrant dans l'histoire
Et qu'il ne sert à rien de prendre une guitare
Mais qui donc est de taille à pouvoir m'arrêter
L'ombre s'est faite humaine aujourd'hui c'est l'été
Je twisterais les mots s'il fallait les twister
Pour qu'un jour les enfants sachent qui vous étiez

Vous étiez vingt et cent vous étiez des milliers
Nus et maigres tremblant dans ces wagons plombés
Qui déchiriez la nuit de vos ongles battants
Vous étiez des milliers vous étiez vingt et cent

JEAN FERRAT

SON PÈRE

Ils n'arrivaient pas tous à la fin du voyage
Ceux qui sont revenus peuvent-ils être heureux
Ils essaient d'oublier étonnés qu'à leur âge
Les veines de leurs bras soient devenues si bleues
Les Allemands guettaient du haut des miradors
La lune se taisait comme vous vous taisiez
En regardant au loin en regardant dehors
Votre chair était tendre à leurs chiens policiers

On me dit à présent que ces mots n'ont plus cours
Qu'il vaut mieux ne chanter que des chansons d'amour
Que le sang sèche vite en entrant dans l'histoire
Et qu'il ne sert à rien de prendre une guitare
Mais qui donc est de taille à pouvoir m'arrêter
L'ombre s'est faite humaine aujourd'hui c'est l'été
Je twisterais les mots s'il fallait les twister
Pour qu'un jour les enfants sachent qui vous étiez

Vous étiez vingt et cent vous étiez des milliers
Nus et maigres tremblants dans ces wagons plombés
Qui déchiriez la nuit de vos ongles battants
Vous étiez des milliers vous étiez vingt et cent

«NUIT ET BROUILLARD»
Paroles et musique : Jean Ferrat
© 1963 Productions Alléluia – Gérard Meys
4, avenue Albert de Mun
75116 Paris

L'enfance est à présent brisée, une vie de tracas s'annonce, plus de jeune, il faut vivre, gagner sa vie et devenir responsable. Pour aider sa mère, Jean cherche du travail dans un laboratoire du bâtiment et des travaux publics.

De ces fractures est née la force de création de Jean. Même si le silence est présent, deux merveilleux textes ont exprimé ces blessures : *Nuit et brouillard* ainsi que *Nul ne guérit de son enfance*.

> « *J'ai eu de la chance. Certes, j'ai connu de mauvais passages, des coups durs dont on ne sort pas indemne. Mais je crois n'en être pas resté là et avoir trouvé les ressorts pour avancer malgré mes faiblesses. C'est le drame de ma jeunesse, la disparition de mon père en déportation, qui m'a donné envie d'écrire et de me rebeller contre ce qu'on voulait me faire admettre, les idées dominantes. Cette faiblesse m'a donné envie de réagir. Ma chance est d'être ainsi : une nature qui se rebelle face aux choses établies.* »

Jean et son frère André

Jean et sa tantine

Raymonde, la sœur de Jean, et son mari, Camille

Jean et sa maman

Notre histoire nous façonne ; celle de Jean a aussi un aspect formidable : l'amour. En tant que petit dernier, il a été entouré de sa mère, de sa sœur et de sa tante, qui l'ont choyé.

« J'ai été élevé par ma tante, parce qu'elle avait perdu un fils peu de temps avant ma naissance : son fils unique, qui était déjà un jeune homme. Elle était venue vivre avec mes parents, et ma naissance a représenté, je crois, pour elle, le début d'une autre vie. De sorte qu'entre ma mère, ma sœur et ma tante, j'ai été entouré de beaucoup d'affection, et de toute évidence cela m'a donné un certain équilibre. Ce sont des bases fondamentales pour un jeune. J'ai tellement vu de gens qui avaient vécu le contraire dans leur jeunesse, ballottés d'un coin à l'autre, d'un homme ou d'une femme à l'autre, avec les problèmes qui en ont résulté. Cela se ressent dans une vie. »

Le lourd silence autour de la disparition de Mnacha, ce mutisme face à cet événement si important, peut paraître incompréhensible. Pierre et André savaient, mais rien ne transpirait.

Jean, lui, ne savait pas, motus. Quelle souffrance…

L'Histoire s'est mêlée de bouleverser sa vie.

Mais la page est tournée, ils ont gardé le silence et je veux le garder aussi.

Nul ne guérit de son enfance

Sans que je puisse m'en défaire
Le temps met ses jambes à mon cou
Le temps qui part en marche arrière
Me fait sauter sur ses genoux
Mes parents l'été les vacances
Mes frères et sœur faisant les fous
J'ai dans la bouche l'innocence
Des confitures du mois d'août

Nul ne guérit de son enfance

Les napperons et les ombrelles
Qu'on ouvrait à l'heure du thé
Pour rafraîchir les demoiselles
Roses dans leurs robes d'été
Et moi le nez dans leurs dentelles
Je respirais à contre-jour
Dans le parfum des mirabelles
L'odeur troublante de l'amour

Nul ne guérit de son enfance

Le vent violent de l'histoire
Allait disperser à vau-l'eau
Notre jeunesse dérisoire
Changer nos rires en sanglots
Amour orange amour amer
L'image d'un père évanouie

Qui disparut avec la guerre
Renaît d'une force inouïe

Nul ne guérit de son enfance

Celui qui vient à disparaître
Pourquoi l'a-t-on quitté des yeux
On fait un signe à la fenêtre
Sans savoir que c'est un adieu
Chacun de nous a son histoire
Et dans notre cœur à l'affût
Le va-et-vient de la mémoire
Ouvre et déchire ce qu'il fut

Nul ne guérit de son enfance

Belle cruelle et tendre enfance
Aujourd'hui c'est à tes genoux
Que j'en retrouve l'innocence
Au fil du temps qui se dénoue
Ouvre tes bras ouvre ton âme
Que j'en savoure en toi le goût
Mon amour frais mon amour femme
Le bonheur d'être et le temps doux

Pour me guérir de mon enfance.

« NUL NE GUÉRIT DE SON ENFANCE »
Paroles et musique : Jean Ferrat
© 1991 Productions Alléluia – Gérard Meys
4, avenue Albert de Mun
75116 Paris

form
V.
Notre amour

Séjour à Paris

Toi et moi, c'est la confiance, un sentiment profond. J'avais tout à te donner, je ne demandais rien de plus que ces moments de partage.

Tout doucement, au fil des années, le lien devenait de plus en plus fort.

Tout me réjouissait, la vie dans la maison, faire des confitures, cueillir les fruits, les tartes aux cerises dont tu raffolais, les quenelles de champignons rosée-des-prés.

Gourmand et gourmet. Exigeant, tu aimais rendre les gens heureux ; tu choisissais, très appliqué, les vins selon le menu. La truite, toujours au beurre ; malheur à celle qui cuisine à l'huile ! Attention au cholestérol !

Nous partagions nos goûts, nous étions très souvent tous les deux, nos soirées étaient faites de tendresse, de mots fondants si chauds, si doux… ils sont encore au bord de mes lèvres.

Jean, tes yeux si doux, vertigineux… Nous partagions ces moments donnés, offerts comme un caramel. Je te retrouve et tu souris en recevant tout ce bonheur.

Merci, mon amour, mes jours sont pleins de toi.

Le 24 juillet 1985

Cher amour

Les heures, les jours, les mois et les années passent et je vis toujours avec mon jeune amour, seulement plus vif et plus fort, au fil du temps –

Tu es jeune, mon amour, tu es belle, je sais que ce jour compte pour toi, nous ne ferons pas de fête avec plein de monde – la fête elle est dans mon cœur, tu sais, elle est de te voir vivre à mes côtés, avec ton enthousiasme, tes élans, tes faiblesses et je sais que la fête est aussi dans ton cœur, pour les mêmes raisons.

Tu me plais, comme tu es, je ne puis dire autre chose – Je ne sevre que cet amour que tu me donnes, si profond, si chaud, si doux à mon cœur – Sois heureuse, cher amour, je t'aimerai de toutes mes forces

Ton Jean

« Cher amour,

Les heures, les jours, les mois et les années passent et je vis toujours avec mon jeune amour, seulement plus vif et plus fort, au fil du temps.
Tu es jeune, mon amour, tu es belle, je sais que ce jour compte pour toi, nous ne ferons pas de fête avec plein de monde. La fête elle est dans mon cœur, tu sais, elle est de te voir vivre à mes côtés, avec ton enthousiasme, tes élans, tes faiblesses et je sais que la fête est aussi dans ton cœur, pour ces mêmes raisons.
Tu me plais, comme tu es, je ne puis dire autre chose. Je ne désire que cet amour que tu me donnes, si profond, si chaud, si doux à mon cœur. Sois heureuse, cher amour, je t'aimerai de toutes mes forces.

Ton Jean »

2 Février 2008

Mon amour, mon amour voilà deux ou 3 ans que je pensais à t'écrire cette lettre mais je n'avais pas le courage de la commencer car il me semblait qu'en même temps, je te disais adieu. Mais aujourd'hui, voilà, j'ai de plus en plus de mal à respirer, mon cœur bat de plus en plus la chamade et je crains de ne plus avoir trop de temps à vivre.

Mon amour, ma colette, ma "fille de menuisier", ce soir, je prends donc mon courage à deux mains pour te dire, pour que tu saches, quand je ne serai plus là — si tu pouvais en douter — à quel point tu as été le bonheur de ma vie, à quel point tu as été mon beau soleil, la lumière

Ma colette, ma chérie, mon beau soleil vis dans notre maison, prends soin de ce jardin, de ton jardin qui m'enchante. Je sais que tu le feras en pensant à moi avec douceur

Ma colette, mon amour, mon amour

ton Jean

« Mon amour, mon amour voilà deux ou trois ans que je pensais t'écrire cette lettre mais je n'avais pas le courage de la commencer car il me semblait qu'en même temps, je te disais adieu. Mais aujourd'hui, voilà, j'ai de plus en plus de mal à respirer, mon cœur bat de plus en plus la chamade et je crains de ne plus avoir trop de temps à vivre.

Mon amour, ma Colette, ma "fille de menuisier", ce soir, je prends donc mon courage à deux mains pour te dire, pour que tu saches, quand je ne serai plus là – si tu pouvais en douter – à quel point tu as été le bonheur, la lumière de ma vie, à quel point tu as été mon beau soleil.

Ma Colette, ma chérie, mon beau soleil vis dans notre maison, prends soin de ce jardin, de ton jardin qui m'enchante. Je sais que tu le feras en pensant à moi avec douceur.

Ma Colette, mon amour, mon amour.

Ton Jean »

Au Kenya, pour un safari photo

« Mon oasis, ma caravane je me serre très près
de ton cœur en pensant à nos voyages à venir. »

NOTRE AMOUR

VI.
Tu seras toujours près de nous, dans ta maison

LE RETOUR À BERGNOLLES SANS TOI

Tu m'as donné la force, le courage de vivre sans toi. Avec toi, je ne ressentais aucune fatigue, juste attendre que tu ailles mieux.

J'étais tellement sûre que tu irais mieux, j'étais la seule à le croire. Tu m'as dit doucement : « Laisse-moi dormir ! » Je t'ai répondu « oui », tendrement. Ton cœur était trop fatigué. Tu étais sur ton lit dans ton bureau, dans un profond silence, dans le calme que tu souhaitais.

Faire face aux épreuves ; tout s'est passé dans le respect et l'affection de chacun. Pour les obsèques, tu m'avais laissé une lettre, donc ce fut simple, comme ta volonté.

La place était noire de monde, un immense recueillement plein d'émotion.

Le temps a pris un nouveau rythme dans la maison ; tu es là, toujours présent.

Je me réveille chaque nuit : tu es là, les yeux clos, et je te parle doucement. J'ai besoin de toi, où es-tu ? Donne-moi ton regard si profond, si plein de mystère. Je vais rêver un bout de chemin avec toi... peut-être en Andalousie, dans les quartiers de l'Albaicín, où nous sommes restés fascinés par le spectacle de l'Alhambra illuminée. Toutes ces nuits entrecoupées de songes quand tu n'es pas là... Je te dis des mots tendres, je les partage avec toi, ils me font du bien. Il est cinq heures, les yeux grands ouverts, je te vois dans le jardin. Tu reviens, les yeux brillants d'émotion : « Ta montagne t'attendait. » Été 2008.

L'été est revenu. Nous mangeons sous la tonnelle odorante, où rosiers, lianes, glycine, seringat nous accueillent, et leurs parfums te grisent ! Tu es resté si longtemps sans voir la nature dans ces chambres closes d'hôpital...

Je te souris, tu murmures des mots fous, je te touche mon amour, ta peau est si douce.

Tu me donnes ton regard tranquille, j'ai envie de te taquiner, de te faire rire, de te faire oublier ces mauvais jours. Tu me regardes avec un petit sourire et tes yeux humidifient les miens.

Nous sommes revenus à Antraigues après le séjour dans le centre de rééducation pour insuffisance respiratoire. Tu prenais encore un peu d'oxygène, mais cela n'empêchait pas nos promenades dans le jardin. Je suis près de toi, complice et attentive.

Nous avions tant de rêves... Des envies de voyages, tu en avais toujours; tu souhaitais aller en Afrique du Sud, aux îles Marquises. Mon amour, d'abord te refaire une santé, aller mieux, guérir, te reposer. Je veille sur ta santé, tu me dis : « Sois prudente, j'ai besoin de toi. » « Et moi ? Je n'ai besoin que de toi. Il nous reste tant de moments du passé à revivre. »

Je ne suis pas seule dans cette grande maison vide, tu es partout, tu y as laissé tes empreintes. Tu es dehors en train de tailler les rosiers. *À l'ombre bleue du figuier*, tu rêves, tu écoutes le chant des oiseaux. Si tu pars, mon amour, tes chansons vivront, ta voix pénétrante, porteuse d'espoir, les fera vivre longtemps.

Bientôt quarante ans que nos regards se sont croisés. Nous nous regardons toujours. Ton regard est figé sur la photo d'Alain Marouani, mais il me suit partout; tu es beau, vrai, présent; cette photo me procure un bonheur profond.

Je te parle, mon Jean. Le Festival d'Avignon, les séjours au Prieuré, Paris, le Théâtre du Rond-Point, l'Atelier... des lieux familiers où nous aimions aller.

Mais tu aimais lire. Tu aimais surtout rester à Bergnolles. Nous avions un potager bien garni ; tu y faisais provision de haricots verts, de concombres, de tomates, de salades, d'herbes aromatiques qui parfumaient les sauces : estragon, aneth, pistou et bien d'autres.

Tu aimais les confitures, les gelées de fruits, et tu mettais volontiers la main à la pâte. Sur la grande table, sous le châtaignier, tu dénoyautais les cerises, pour les clafoutis et les tartes. Comme tu étais gourmand ! Et gourmet…

Ton grand plaisir, c'était d'aller dans les grands restaurants : les cuisses de grenouilles chez Georges Blanc, les quenelles dans l'Aubrac, chez Michel Bras le gargouillou, à Saint-Bonnet-le Froid, chez Régis Marcon les cèpes, les produits de la ferme. Tu jubilais.

Tu as commencé à lire les recettes, tu as suivi les proportions à la lettre, et je crois que nos convives se régalaient. Tu aimais écouter Jean-Luc Petitrenaud sur Radio-France.

«Finalement, Jean aimait la cuisine simple, claire et nette, un peu comme ses chansons : l'art du mot juste et en écho à l'art des saveurs resserrées.
On se téléphonait souvent et ce diable de Jean me faisait baver en évoquant son jardin, cette salade qu'il irait cueillir après notre conversation. Ce filet d'huile de noix au fond du saladier. Cette salade effeuillée dans le grand bac rempli d'eau et cette sieste incontournable sous le grand arbre.
Il jouait avec les paroles et les sentiments, c'était un vrai sensuel de la fourchette.
Il y a deux ou trois ans, je l'ai appelé le soir de Noël pour lui souhaiter une bonne nuit. Il m'a raconté ses ris de veau rôtis soutenus par quelques truffes locales. Il voulait me rendre fou. Il y réussissait à merveille. C'était comme un jeu entre nous. Nous mangions ensemble virtuellement. Le bonheur simple d'être tout près de lui.»

Jean-Luc Petitrenaud

JANVIER 2014

Le temps t'emporte, nous sommes près de toi et de tes chansons ; tu es parti et nous souhaitons te garder ; comme nous t'avons admiré, comme nous avons aimé ton regard inoubliable, tes textes que tu chantais avec sincérité, un vrai talent.

Je reste avec le souvenir de ce que tu as donné aux amis, aux Ardéchois ; nous parlons de toi, de ton œuvre, de ta révolte, de ta joie de vivre, de tes blessures, sentiments et amitiés.

Nous nous retrouvons sur la place du village, les joueurs se réchauffent les mains en faisant claquer leurs boules. Le soleil d'hiver s'étire et se cache derrière un arbre. Dans un moment, la nuit arrivera, les lampadaires éclaireront la fontaine.

Tu souffrais en silence, la respiration était difficile. « Je tiens pour ne pas te laisser seule », disais-tu. « Jean, je ne suis jamais seule, tu me donnes à vivre, je te parle, je souris. »

Nous ne t'oublions pas, les amoureux de ton œuvre te rendront ce que tu as su leur donner. L'amitié est toujours là, fidèle. Tu craignais ce XXIe siècle ; les moments sont préoccupants, mais la solidarité et le respect des valeurs sont toujours là.

Mon Jean,

Tu disais : « Tiens bon. » Je tiendrai jusqu'au bout ! On se retrouvera, je sais où tu es, nous serons ensemble, je veille sur la Maison Ferrat, il reste tant de choses à faire.
Nos amis sont là, ils chantent tes chansons avec joie.

Jean,

G.G. et toi, vous aviez décidé de créer une fondation à Paris. Le budget étant trop élevé, vous y avez renoncé.
Une opportunité s'est présentée sur la place que tu aimais tant. La maison de Roland et Louisette est en vente. Émilie et son papa sont d'accord pour me la céder. Ton vœu de lieu culturel sera exaucé. Le courage me donne des ailes et je ferai tout pour réaliser ce que tu souhaitais.

Gaby Monnet et sa femme Monette
sont venus présenter fièrement le Molière d'honneur à Bergnolles

Déjà, la Maison sur la place de la Résistance porte ton nom. Elle est pleine de toi, de ta musique, de tes pages d'écriture, des textes que tu aimais.

Nous y avons installé l'exposition «Jean des Encres, Jean des Sources». Chacun retrouve ta vie, ton œuvre, ton intégrité.

Il y manque ton goût pour la nature, le bruit du torrent, le vent dans les arbres, en un mot ton jardin. Depuis ton absence, ton jardin, nous l'avons fait vivre avec toi, pour toi. Il a pris beaucoup de liberté, il déborde de fleurs, de couleurs. Les grimpantes, les arbustes que tu aimais tant, tu les retrouveras dans la Maison Ferrat. Des rosiers, des clématites, des glycines adouciront la lumière au-dessus de la véranda.

TU SERAS TOUJOURS PRÈS DE NOUS, DANS TA MAISON

JARDIN ET VOYAGES

Mon Jean,

Où es-tu ? Je souris, ton jardin est très fleuri, très coloré ! Je te le raconterai ce soir. Nous nous installerons sur le banc et tu diras : « J'aime ton jardin. » C'est le mois de juin, le seringat embaume, les odeurs t'enchantent ; le torrent court de rocher en rocher, comme toi quand tu partais avec tes cuissardes et ta canne à pêche.

Tu dis : « Je suis bien, je vais rester encore un peu. » Parfums des roses, du lilas, les tilleuls nous enivrent.

Les nuits sans toi sont longues et propices aux souvenirs. Avec Jean-Louis et Marianne en Italie, dans les Pouilles, dans la bonne humeur, le goût du bon vin, les soirées sous la treille, moments très heureux.

La croisière dans les fjords en Norvège ; tu avais rêvé de ce voyage raconté par Claude Villers, il était là pour son plaisir et pour le nôtre. Il y eut aussi notre séjour à Barcelone avec un ami galeriste très proche de Miró, Chagall, Calder et d'autres artistes que nous avons connus. Également les visites de musées et de palais : fondation Miró, fondation Tàpies, le Palais de la musique catalane.

Dans notre maison, nous avions une vie simple, heureuse, mais dans nos voyages, tu voulais me faire partager des moments exceptionnels, toujours me surprendre dans des lieux magiques, inoubliables. Devant mon étonnement, ton regard pétillait de bonheur.

Sur la place d'Antraigues, d'autres bruits joyeux, festifs nous rappellent ta participation aux fêtes passées, les banquets républicains, la joie du partage avec les amis disparus.

Rien ne s'oublie.

Mon cher Jean,

Nous saluons le printemps avec l'arrivée des camélias, de lilas si parfumés, des seringats, des rosiers grimpants en guirlande sur leur support. Albertine, très odorante, la fleur ébouriffée, incomparable, ta préférée.

Après le petit déjeuner, tu partais respirer les odeurs, en compagnie d'un chien ou deux ; ils te suivaient, vous faisiez une pause ; tu coupais quelques branches gênantes sur ton passage. Tu marchais, cet endroit très coloré t'enchantait. Ces bonheurs, nous les avons savourés pendant de si belles années… Le torrent court de rocher en rocher, tu l'imitais quand tu partais avec cuissardes et canne à pêche. Dans ces moments-là, tu me disais : « Garde les chiens, ils font du bruit. » Alors, tu étais heureux, seul et libre, les chiens consignés à la maison.

Voilà la vie que tu avais choisie dans ce village : la place, les amis, les jeux de boules. À la maison, tu écoutais de la musique, tu écrivais, tu lisais la presse. Nous partagions le goût de la cuisine. Nous cherchions ensemble des recettes.

Rémi, artiste photographe, a accepté de parcourir le jardin. Il a fait de belles photos et a fait un choix très harmonieux. Un diaporama est visible dans la Maison de la place.

Quand j'ai commencé à lire la lettre que m'adressait François DERQUENNE (que je ne connaissais pas) me proposant de faire une exposition sur moi, je me suis dit : "Oh la la ! certainement pas. Une exposition ? Pourquoi pas une statue !" Et puis j'ai poursuivi ma lecture et petit à petit, ses arguments aidant, il me semble que mes sentiments devinrent moins péremptoires, et que lorsqu'il en vint à parler plus précisément des choses, mes préventions tombèrent progressivement. Car il avait trouvé pour symboliser les deux facettes de ma personalité deux phrases qui éclairaient me semble-t-il, d'une jolie manière, ce que je pense et ce que je suis : "Jean des Encres" et "Jean des Sources", le domaine de mes idées et celui de mes sentiments.

Et c'est à cause de ces deux phrases que François DERQUENNE et François FABRIZI se sont mis au travail avec talent pour concevoir et réaliser cette exposition

« Quand j'ai commencé à lire la lettre que m'adressait François DERQUENNE (que je ne connaissais pas) me proposant de faire une exposition sur moi, je me suis dit : « Oh la la ! Certainement pas. Une exposition ? Pourquoi pas une statue ! » Et puis j'ai poursuivi ma lecture et petit à petit, ses arguments aidant, il me semble que mes sentiments devinrent moins péremptoires et que lorsqu'il en vint à parler plus précisément des choses, mes préventions tombèrent progressivement. Car il avait trouvé pour symboliser les deux facettes de ma personnalité deux phrases qui éclairaient me semble-t-il, d'une jolie manière, ce que je pense et ce que je suis : « Jean des Encres » et « Jean des Sources », le domaine de mes idées et celui de mes sentiments.

Et c'est à cause de ces deux phrases que François DERQUENNE et François FABRIZI se seront mis au travail avec talent pour concevoir et réaliser cette exposition. »

TU SERAS TOUJOURS PRÈS DE NOUS, DANS TA MAISON

Mes amis ont décidé spontanément de m'aider à faire vivre ce lieu.

Tu seras bien accompagné. Nous allons organiser de belles réceptions, proposer du théâtre, de la poésie, de la lecture, des jeux, des ateliers de mots, créer, inventer, tes chansons, les mots, les mélodies…

À Bergnolles, le four à pain.

*Texte écrit et prononcé par Jean
sur la place d'Antraigues le 16 août 1997
au cours du banquet Républicain.*

« [...] Il m'est intolérable en effet de savoir qu'ici même à Antraigues qui eut dès 1789 deux députés du Tiers-Etat, élus à la Convention, Antraigues dont le passé rebelle et républicain a toujours été sans faille.

Antraigues, centre de la Résistance au nazisme, il m'est intolérable de savoir que 10 % de mes concitoyens votent pour le contraire des idées de justice, de solidarité, de fraternité qui sont l'essence même de notre histoire et de la civilisation.

Alors je me suis dit que nous n'avons pas fait ce qu'il fallait. Qu'il faudrait faire autre chose, qu'il faudra faire autrement.

Je ne me résous pas au rejet, à l'exclusion.
Je ne me résous pas à la haine.
Je ne me résous pas à la bêtise, au désespoir.

Ma présence ici ce soir, parmi vous, n'a d'autre signification que de vous convaincre et de vous assurer que pour les combattre, je serai toujours à vos côtés ! »

TU SERAS TOUJOURS PRÈS DE NOUS, DANS TA MAISON

Tu me donnes la vie, ce partage ira jusqu'à mon dernier soupir à tes côtés.

Tu m'as écrit de si beaux messages.

Il y a tellement à faire pour toi, tout mon amour s'y emploie.

Chaque jour, nous savons que les gens t'aiment, que tes chansons ne sont pas oubliées.

Je serai là, avec toi, jusqu'au bout, et nous sommes nombreux. Ma place est à tes côtés.

Les Saisons

Ah les saisons Ah les saisons
Je ne me lasse pas
D'en rêver les odeurs
D'en vivre les couleurs
D'en trouver les raisons
Ah les saisons Ah les saisons

Je serai l'automne à tes pieds
Tu seras l'été à ma bouche
L'hiver aux doigts bleus qui se couche
Nous serons printemps fou à lier
Ah les saisons Ah les saisons

Je vais sans me lasser
En guetter les rumeurs
En voler les ardeurs
En vivre à tes côtés
Ah les saisons Ah les saisons

Voir un seul hiver t'affamer
Encore un été t'épanouir
Encore un printemps t'enflammer
Un seul automne pour en rire
Ah les saisons Ah les saisons

Je ne me lasse pas
D'en distiller les fleurs
D'en jalouser chaque heure
D'en mourir sans raison
Ah les saisons Ah les saisons

« LES SAISONS »
Paroles et musique : Jean Ferrat
© 1972 Productions Alléluia – Gérard Meys
4, avenue Albert de Mun
75116 Paris

REMERCIEMENTS

Je remercie tous les amis, les anonymes qui m'ont écrit dans les moments difficiles sans Jean.

Je n'ai pas eu le courage de répondre à toutes vos lettres mais je suis là pour vous dire que je reste auprès de Jean dans sa Maison sur la place du village.

Merci à Gérard Meys et à sa collaboratrice Valérie, toujours disponibles et à mon écoute.

Merci à Georges Boulard de Vaison-la-Romaine, à la Maison Jean Ferrat et à ceux qui la font vivre, à ma Valérie de cœur, toujours active et présente, à l'Association Jean Ferrat, culture et chansons, qui me communique son enthousiasme et fait tout pour que perdure l'esprit de Jean.

Un merci tout particulier à Michel Drucker pour son affectueuse amitié.

Virginie, sans toi ce livre n'aurait pas existé, trop de pages noires pendant que Jean était malade. Je ne voulais pas les faire lire mais tu as su ouvrir ces pages d'amour, douloureuses.

Virginie, tu as senti que seule ta confiance, ta patience réussiraient à me convaincre.

Merci pour ton insistance tranquille, je retrouve un peu de sommeil ; je suis apaisée.

TABLE DES MATIÈRES

Introduction 7
I. La montagne de Jean 11
II. Jean, l'artiste 41
III. Jean, un ami sincère 55
IV. Son père 75
V. Notre amour 93
VI. Tu seras toujours près de nous, dans ta maison. . . 105
Remerciements 135

CRÉDITS PHOTOS

I.
p. 8 : ©Ernest Pignon-Ernest
p. 10 : ©Alain Marouani
p. 12 : ©Collection privée
p. 19 : ©Alain Marouani
p. 21 : ©Pierre Teysseire
p. 23 : ©Pierre Teysseire
p. 25 : ©Alain Marouani
p. 27 : ©Collection privée
p. 28 : ©Alain Marouani
p. 30-31 : ©Rémi Le Bret
p. 33 : ©Alain Marouani
p. 39 : ©Alain Marouani

II.
p. 43 à 52 : ©Collection privée

III.
p. 58 : ©Ernest Pignon-Ernest
p. 59 : ©Collection privée
p. 63 : ©Collection privée
p. 64 : ©Collection privée
p. 65 : ©Collection privée
p. 68-69 : ©DR
p. 71 : ©Collection privée
p. 72 : ©*Dauphiné libéré*

IV.
p. 78 : ©Collection privée
p. 80 : ©Musée de la Résistance Nationale
p. 83 à 91 : ©Collection privée

V.
p. 94 : ©Alain Marouani
p. 96 à 103 : ©Collection privée

VI.
p. 106 à 111 : ©Collection privée
p. 116-117 : ©Rémi Le Bret
p. 118 : ©Alain Marouani
p. 120 à 127 : ©Rémi Le Bret
p. 129 : ©Alain Marouani
p. 130-133 : ©Rémi Le Bret

Extraits de texte de Jean Ferrat :
Source Disque Temey, ouvrage *Jean Ferrat, l'intégrale*.

Dans le respect des éventuels droits patrimoniaux et du droit moral des auteurs inconnus des documents photographiques reproduits dans cet ouvrage, l'éditeur indique qu'il a réservé des droits et qu'il mentionnera le nom des auteurs qui se feront connaître et justifieront de leur qualité pour toute nouvelle édition de l'ouvrage.

conception
réalisation
mise en page
pca
44405 Rezé cedex

Dépôt légal : février 2015
N° d'imprimeur : 01
ISBN : 978-2-7499-2347-5
LAF 1897